Los textos han sido elaborados
con la colaboración
del Equipo Editorial Destino

Diseño de la maqueta: Aránzazu Soler

© Aránzazu Soler y Pedro E. Delgado
© Ediciones Destino, S.A.
Consell de Cent, 425. 08009 Barcelona
Primera edición: enero 1989
Segunda edición: febrero 1990
ISBN: 84-233-1705-6
Depósito legal: B. 2.018-1990
Grabados: Reprocolor Llovet, S.A.
Fotocomposición: Fort, S.A.
Impreso por Grafos, S.A., Arte sobre Papel
Sector C, calle D, n.º 36. 08040 Barcelona
Impreso en España - Printed in Spain

LOS BUENOS MODALES
O CÓMO IMPRESIONAR
A LOS DEMÁS

TEXTOS: ARÁNZAZU SOLER
Y PEDRO E. DELGADO

ILUSTRACIONES:
PEDRO E. DELGADO

A Araceli, María e Ignacio

ÍNDICE

ESTE LIBRO TIENE MAGIA   7

ENTRE POMPAS DE JABÓN   9

¡A LA MESA!   13

¡BUEN VIAJE!   19

Y AHORA ¿QUÉ HAGO?   23

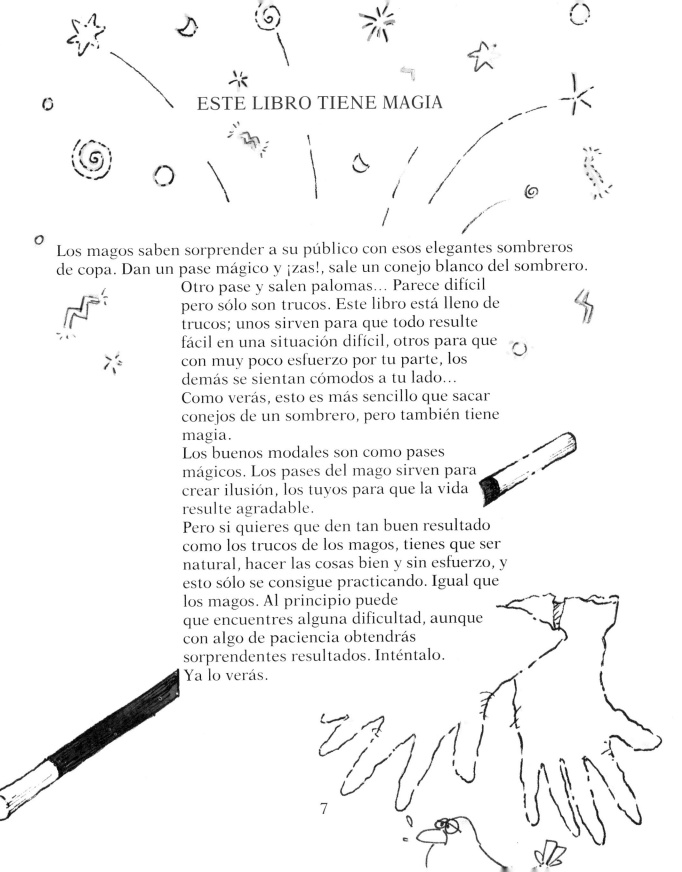

ESTE LIBRO TIENE MAGIA

Los magos saben sorprender a su público con esos elegantes sombreros de copa. Dan un pase mágico y ¡zas!, sale un conejo blanco del sombrero.

Otro pase y salen palomas… Parece difícil pero sólo son trucos. Este libro está lleno de trucos; unos sirven para que todo resulte fácil en una situación difícil, otros para que con muy poco esfuerzo por tu parte, los demás se sientan cómodos a tu lado…

Como verás, esto es más sencillo que sacar conejos de un sombrero, pero también tiene magia.

Los buenos modales son como pases mágicos. Los pases del mago sirven para crear ilusión, los tuyos para que la vida resulte agradable.

Pero si quieres que den tan buen resultado como los trucos de los magos, tienes que ser natural, hacer las cosas bien y sin esfuerzo, y esto sólo se consigue practicando. Igual que los magos. Al principio puede que encuentres alguna dificultad, aunque con algo de paciencia obtendrás sorprendentes resultados. Inténtalo. Ya lo verás.

ENTRE POMPAS DE JABÓN

Aseo, baño… son palabras que usamos para expresar algo tan sencillo
como el empleo del agua y del jabón.
Ten en cuenta que los demás no sólo nos escuchan,
sino que también nos ven y nos huelen;
un cuerpo sucio no se disimula con ropa limpia.
Aunque te parezca estupendo vivir las aventuras de *El libro de la selva*,
no es recomendable oler a tigre. Corres el riesgo de que te cacen para llevarte a la ducha
en el momento más emocionante de tu aventura.

¿Cuándo hay que lavarse?

Siempre que estemos sucios. Y te irá
bien en estos casos:
— al levantarte de la cama,
— al salir a la calle y al volver,
— antes de comer,
— cuando utilices el retrete,
— si has jugado con algún animal.

La pasta o la vida

La vida de tus dientes, por supuesto.
No tengas pereza y cepíllate siempre
los dientes después de comer.
A pesar de que parezca un rollo,
te ahorrarás más de un disgusto
en el sillón del dentista.
Además, tendrás un aliento fresco
que María agradecerá
si vas a contarle
un secreto al oído.

9

Muá, muá y requetemuá

Cuando saludes a alguien, dale la mano;
este gesto puede sustituir a esos besos tan engorrosos
que te pueden fastidiar tanto.
Pero no pretendas dar la mano a un niño pequeñito.
Si quieres besarle, hazlo en la cabeza.

Aprende a manejar hilo y aguja, aunque te llames Antonio

Estás de vacaciones en un campamento de verano,
vas a cambiarte de ropa,
abres tu mochila y decides ponerte esa camisa que te gusta y...
¡qué fastidio!, le falta un botón.
¿Qué puedes hacer?
Sé práctico, cóselo tú.
Pero dejémonos de charla.
Ahora urge coser el botón.
Consigues hilo y aguja y te enfrentas al problema.
Solo ante el peligro...
ante el peligro de pincharte.
¿Qué final daremos a esta intrigante aventura?
Si no lo has hecho nunca,
pide consejo o acabarás por destrozar la camisa.
Practica para poder salir airoso
de un imprevisto de esta clase.
Pero ten paciencia,
y si te da vergüenza coser,
recuerda que los hombres han destacado
en el mundo de la alta costura;
si no ¿por qué en todos
los manuales de inglés se dice que
«my tailor is rich»?

10

¿Qué ropa me pongo?

Lo de la ropa es una cosa muy especial. Por eso hay tantos modos de vestir
como personas, pero todos deben tener algo en común:
la limpieza y el cuidado de la ropa (que no haya manchas ni arrugas.)
Aunque te cueste un pequeño sacrificio, utiliza la ropa apropiada para cada ocasión;
no siempre puedes ir con playeras y vaqueros, y quizá el traje que acabas
de estrenar no sea lo más adecuado para montar en bici.

¡Esos bigotes!

Para limpiarte la nariz; para quitarte los «bigotes».
— Lleva pañuelo y úsalo si has comido algo que manche. Y no tires los pañuelos
de papel por cualquier sitio: las papeleras están para algo más que para entrenarte
al baloncesto.
— Si te encargas de cuidar a tu hermano pequeño,
procura que tenga la nariz limpia y que esté presentable.

Hablar del chicle está chupado

Te pillan masticando chicle en clase, tienes que esconderlo a toda prisa
y acabas pegándolo debajo del pupitre. A simple vista te parece un buen sitio,
pero la verdad es que no es muy higiénico. Y tampoco es buena idea tirarlo
al suelo para que lo pise el primero que pase.
— Hay lugares y situaciones en las que no es adecuado masticar chicle:
en un templo de cualquier religión, dentro del aula de clase o cuando estés de visita.
— Y no olvides que hay que masticar con la boca cerrada y sin hacer ruido.
Y que hacer *globos* podrá ser estupendo, pero no está bien visto.

¡A LA MESA!

¡Por fin a comer! ¿Te has lavado las manos? Si es así, siéntate bien, con la espalda recta y sin arrastrar la silla.
— Desdobla la servilleta sobre tus rodillas y úsala moderadamente, pero siempre antes de beber.
—No te limpies con ella como si fuera una toalla.

Los cubiertos

Nunca los empuñes cual Pantagruel ansioso ni intentes aportar una nota musical haciendo «tin-tin-tin» con el vaso.
— Coge la cuchara y el tenedor con firmeza. Acuérdate de que los cubiertos sirven para llevar la comida a la boca, y no la boca a los cubiertos: no parezcas un animalito de pesebre.
— Verás que los cubiertos están colocados a los lados del plato. Si hay varios tenedores o cuchillos existe un pequeño truco para saber cuál debes usar en cada momento: empieza siempre por el que esté más lejos del plato, continúa con el siguiente y así hasta llegar al postre.
— Al acabar de comer, pon el cuchillo y el tenedor bien alineados sobre el plato.

Glu, glu, glu… ¡Aah!

Sí, vamos a hablar de la bebida.
Traga el bocado que tengas en la boca y despúes bebe sin hacer ruido. Tampoco alborotes con los granizados y refrescos que se toman con pajita (slurp, slurp, churrúp…).

13

Mantén las distancias con el plato

Acampar en la mesa y poner los codos sobre ella es una fea costumbre. Además, si estás comiendo acompañado puedes estorbar a los demás.

Ñam, ñam, ñam

— Mastica con la boca cerrada y sin poner caras raras.
— Antes de habler, traga. Una boca llena de comida
no es un espectáculo agradable.

¡Quema!

Aunque la sopa esté muy caliente, no soples. La solución es ir cogiendo
poco a poco la comida de los bordes.

No marees el salero

Protestar por cómo esté condimentada una cosa, o ponerle a todo
tomate, o mostaza no es un buen detalle:
es como un reproche para quien haya preparado la comida
y sólo conseguirás que todo te sepa igual.
— Evita usar demasiada sal,
pues tomada en exceso es mala para la salud.

Esos inmensos platos de espaguetis

¿Quién no se siente capaz de comer un enorme plato de espaguetis?
Pero mide tus fuerzas. ¿Podrás con todo?
Es preferible repetir que dejar medio plato sin comer.

¡Un pelo en mi sopa!

A veces, incluso en una elegante comida,
aparece el indeseable pelo dentro de una albóndiga de pescado
o navegando sobre una crema de melón.
— Si estás en un restaurante,
indícalo a cualesquiera de los adultos que te acompañan.
— Si estás invitado en una casa,
lo más prudente es apartarlo a un lado del plato sin decir nada, y hacer la vista gorda.

En el país del rey Migas

El rey Midas convertía en oro todo lo que tocaba.
Incluso los alimentos.
Ya sabemos que a ti no te ocurre eso,
pero puede que acabes pareciéndote al rey «Migas»,
famoso porque a su paso
dejaba un largo rastro de pan.
Procura no juguetear con el pan ni destrozarlo.
Hacer bolitas de pan o
ponerlo todo perdido de migas es una costumbre poco agradable.
No manosees los pedazos de pan.
Toca únicamente aquel que vayas a coger
y sírvetelos de uno
en uno.

Recuerda lo que le ocurrió a Blancanieves con la manzana

Lava la fruta antes de comerla.
Quedará más brillante, pero sobre todo, limpia.
Blancanieves no lavó la manzana envenenada y fíjate lo que le hubiera pasado
si no hubiera sido por el príncipe.
Y príncipes cada día hay menos.

Cómo podemos comer algunas frutas

Casi todas las frutas pueden comerse con los dedos,
aunque en algunas ocasiones tendremos que usar cuchillo y tenedor,
por ejemplo con la piña,
la naranja cortada en rodajas o el melón.
— Los huesos y pepitas de ciruelas, uvas…,
no los escupas directamente al plato.
Échalos en tu mano
y de ahí al plato.

¡PTU!

¿Qué se puede comer con los dedos?

— Los espárragos y las mazorcas.
— Los mejillones y las almejas si están servidos con la concha.
— Los muslos de pollo y las costillas.
— Las hojas de endivias si están colocadas en el plato sin cortar
y separadas de la salsa (roquefort o cualquier otra).
— Los pastelitos salados.
— El pescadito frito.
— El queso
— La pizza
Pero siempre con dos dedos y sin pringarte.

Tartas y tortas

— Parte con el tenedor, sin utilizar el cuchillo, las tortillas,
el pastel de pescado o de carne, las tartas...
— Puedes partir con los dedos: los bollos, los croissants, las tortas de aceite.

¡BUEN VIAJE!

El grado de educación de un país se refleja en el comportamiento de sus habitantes
al utilizar los medios de transporte. Aporta tu granito de arena.
— En el autocar escolar no te levantes durante el trayecto
con la excusa de ir a morder la oreja a Pérez Puig o a Mari Pili,
que están sentados delante. Si el autocar da un frenazo,
puedes acabar encima del conductor.
— Cuando utilices un medio de transporte público, conserva el billete,
no corras de un lado a otro, ni hables a gritos.
— Cede el asiento a los ancianos, a las mujeres embarazadas,
a quienes lleven niños en brazos y a las personas impedidas (con muletas, bastón...)
o que vayan muy cargadas.

Vamos volando

— En el avión cumple todo lo que te indiquen las azafatas.
— Atiende a las explicaciones acerca del chaleco salvavidas
y la mascarilla de oxígeno. No los necesitarás,
pero distraerte en ese momento
o hacerte el «enterao» o la marisabidilla
es una falta de educación.

¿Qué haría ahora tu héroe favorito?

Te puede ocurrir. Visitas una ciudad extranjera con tus padres; te separas de ellos
mientras están viendo escaparates, y cuando quieres darte cuenta,
te has perdido. Para colmo no conoces el idioma.
Puedes hacer muchas cosas:
llorar, correr de un lado para otro o comerte las uñas.
Pero ¿qué haría ahora tu héroe favorito?
Aunque estuviera tan asustado como tú,
decidiría quedarse en el mismo sitio
porque de esta manera sería más fácil encontrarle.
— Espera un poco y da tiempo a tus padres
para que te encuentren. Si tardan, dirígete al policía más cercano;
quizá no entienda tu idioma, pero comprenderá el problema.
— Cuando viajes, lleva anotado
el nombre y la dirección del lugar en el que te hospedes.

Hänsel y Gretel también se perdieron

Muchos personajes de cuentos se han perdido en los bosques,
lo que demuestra que eso le puede pasar a cualquiera.
Para que toda excursión tenga un final feliz,
lo mejor es que no te alejes de los compañeros. Pero si por descuido te pierdes,
pide ayuda a otros excursionistas.
En cualquier caso procura no alejarte demasiado
buscando caminos quizá inexistentes
y quédate esperando en un lugar bien visible.

En caravana no hagas el indio

Regresáis de pasar el fin de semana en el campo
y al llegar a la carretera nacional
os encontráis con una interminable caravana de vehículos.
Podría ser como las del Oeste,
sin embargo aquí nadie va de camino a Fort Apache,
así que… no hagas el indio.
Lleva algo para distraerte durante el trayecto
y piensa que seguramente el rostro pálido
que va al volante está más cansado que tú.
— Ve bien sentado, no molestes a tus hermanos;
no te eches sobre los de delante, y si comes algo,
haz lo posible para no ensuciar.
Lo mejor es jugar a
algo distraído y poco ruidoso.

Y AHORA ¿QUÉ HAGO?

Cada día vives un montón de situaciones distintas. Muchas las conoces,
pero otras son totalmente nuevas o poco frecuentes,
como saludar a las visitas, avisar al camarero, llamar por teléfono...
Son esos momentos en los que nos invaden las dudas:
¿Tengo que hablar de «tú» o de «usted»?
¿Puedo llamar por teléfono a cualquier hora?
Lo mejor es saber con antelación cómo debemos comportarnos,
así daremos una buena impresión a los demás.

De «usted»

El tratamiento correcto con todos los adultos que no sean de la familia
o muy allegados es el de «usted». Trata así a los camareros,
acomodadores, dependientes, etcétera.

Gracias, muy amable

Ser agradecido es una gran virtud, pero no se trata
de que des las gracias a diestro y siniestro.
Si metes la pata pide disculpas educadamente,
pero tampoco te pongas pesado excusándote sin parar.

PARDON, DISPENSI, PERDON, SCUSI, I'M SORRY, ENTSCHULDIGEN SIE...

¡Qué tarde llego!

Era la frase que repetía aquel conejo blanco en el cuento
de «Alicia en el País de las Maravillas».
— Cuando tengas que salir, prepárate con tiempo suficiente.
— Ordena tu cartera con antelación
y desayuna rápido para que no tenga que esperarte el autobús escolar.

Usted primero, por favor

Antes de entrar, deja salir, especialmente en transportes públicos
o en establecimientos comerciales.
Ceder el paso es un gesto sencillo pero elegante.

Prohibido aparcar

Cuando te detengas en la calle para charlar,
ver un escaparate o atarte
el cordón del zapato, ponte a un lado;
así no interrumpirás el paso a los demás.

Mary Poppins lo llevaba muy bien

Siempre que lleves el paraguas abierto, sujétalo con fuerza
para que no se vaya de lado y moleste a los demás.
Al entrar en un lugar cerrado o en casa,
déjalo en el paragüero o donde no salpique el suelo.

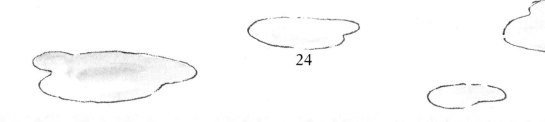

¡Mamá, un enano!

La Naturaleza es feliz, ha dado una multitud de formas y colores a las piedras,
a las plantas y a los animales. Por eso hay personas de color amarillo, negro...
Pero también gordos, delgados, bajos, altos...
Cuando veas en la calle alguien con un color de piel diferente o
con mayor o menor altura, gordo o delgado, o vestido de manera diferente,
no te extrañes, es lo normal. Darse codazos, hacer comentarios
o quedarte mirando como un pasmarote, aparte de mala educación,
indica muy poco mundo.

Que tu perro sea tan limpio como tú

Los perros dejan de ser simpáticos y agradables en el momento
en que obligan a alterar nuestro recorrido para no mancharnos los zapatos.
— Acostumbra bien a tu perro para que no ensucie la acera y si lo hace,
encárgate de limpiarla utilizando alguna de las pinzas que se venden para este uso.
— Lávalo con frecuencia y si tiene el pelo largo, cepíllalo cada día.
— Procura que no pida comida cuando estéis sentados a la mesa
y evita que moleste a las visitas.

25

¡Riing! ¡Riing! ¿Dígame?

El teléfono es un invento formidable, sin embargo,
una llamada telefónica puede resultar inoportuna;
debes tener muy en cuenta la hora.
— Es recomendable que no llames por teléfono antes
de las diez de la mañana
ni después de las nueve de la noche. Respeta las horas de la comida y la cena.
— Cuando telefonees saluda, y antes de explicar el motivo de tu llamada,
di quién eres.
— Procura que tus llamadas sean breves;
aunque tú no tengas nada que hacer, los demás pueden estar ocupados.
— Contesta al teléfono con un «diga» o «dígame»
y espera a que se identifique quien llama.
Si coges un *recado*, entérate bien del nombre y del asunto.
Decir: «Papá, te ha llamado un señor», no suele ser suficiente.

«Mira lo que tengo para ti»

A veces no aciertan con tu gusto,
pero no olvides que el regalo está hecho con la mejor intención.
Por eso, agradécelo del mismo modo que si te gustara. Evita expresiones como:
«bueno, sí… no está mal».
Si el regalo llega por correo, da las gracias por teléfono
o enviando una carta.

26

Un préstamo no es un regalo

Se te presta algo para que lo disfrutes... y lo devuelvas.
Antes de pedir prestado un libro, piensa si dispones de suficiente tiempo
para leerlo y devolverlo pronto.
— Mientras uses el libro, fórralo y nunca dobles las hojas.
— Trata con especial cuidado las cosas que no sean tuyas.

Haz como el hombre invisible: desaparece

Si llegan visitas a casa y tus padres te hacen pasar al salón
para presentarte, sé amable y responde a todo lo que te pregunten,
pero cuando acaben las presentaciones,
haz como el hombre invisible:
desaparece.
Si te dedicas a interrumpir la conversación de los mayores
diciendo que quieres merendar, o lo que es peor,
dando tu opinión sin que te la pidan,
pensarán que eres un pesado.

Se ruega silencio

Es el típico cartel que encuentras en cualquier hospital.
Si siempre es recomendable no chillar, aquí con más motivo.

— Cuando vayas a visitar a algún amigo enfermo y quieras llevarle un regalo, pregunta a tus padres cuál puede ser el adecuado.

— No es oportuno llevar tu mascota (el hamster, la rana…) escondida para dar una sorpresa. Las mascotas no están cómodas en los hospitales y puede que intenten demostrarlo escapando por el pasillo.

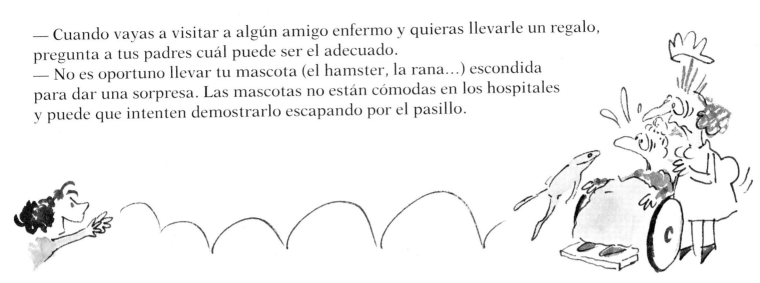

Un canguro no es para dar saltos

Un canguro es una persona que se ocupará de ti mientras que tus padres salen a cenar o al teatro.

Pero que se llame así no quiere decir que os pongáis a dar saltos para pasar el rato.

—Aprovecha para que te ayude a hacer los deberes o te explique alguno de esos juegos que te gustan, pero resultan algo complicados («Monopoly», «Cluedo», «Scrabble»…).

No aproveches la ocasión para ponerte pesado o hacer lo que no te permiten tus padres.

Las cartas

No, no vamos a jugar a las cartas ni a hacer juegos de manos. Si haces un viaje,
y con mayor razón si es largo, envía cartas y postales
a tus padres y amigos porque
al tiempo que tienen noticias tuyas, les haces participar de tu «aventura».
En la carta podrás contar con detalle las incidencias del viaje.
La postal tiene la ventaja
de no necesitar demasiado texto y ser muy vistosa;
piensa que es un escenario donde eres a la vez protagonista y narrador.
Escribir puede resultar agradable... sobre todo si a ti también
te gusta recibir cartas.

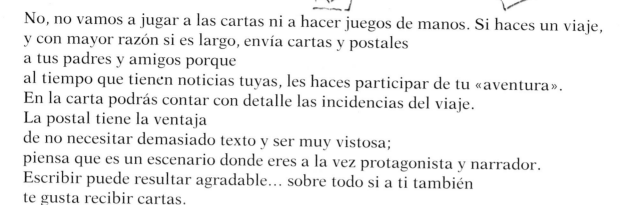

En el juego como en el deporte

Cuando juegues con tus amigos o practiques un deporte,
recuerda que no estás solo.
No siempre podrás jugar a lo que tú quieras.
Respeta el gusto de los demás.
Si te ganan, acéptalo con buena cara.
Saber perder es signo de buena educación,
es ganar en el deporte del civismo.
Pero si ganas, no presumas:
puedes perder la partida del compañerismo.

¿Desconocidos? No, gracias

Nunca acompañes a un desconocido
por muy amable y simpático que te parezca.
Si en la puerta del colegio o en un parque público,
alguien se ofrece para pasear contigo o acompañarte a casa,
pon alguna excusa y di que no.

— Rechaza regalos y caramelos de desconocidos.
— Tampoco des tu dirección o tu número de teléfono
ni detalles de tu casa a cualquiera que te lo pregunte.
Y no subas jamás a un coche
si no es con alguien de absoluta confianza.

Otros amigos, otras religiones

En Atenas, Tánger o Tenerife, es posible que encuentres amigos
de otras religiones. A lo mejor te invitan a una boda musulmana o a la fiesta hebrea
del Bar Mitzvah (algo parecido a la confirmación de los católicos),
o simplemente a un cumpleaños en casa de tu amigo hindú. Te obsequiará con platos
exóticos y es posible que te enseñe su santurio familiar,
el lugar de oración en su casa, con estatuillas multicolores y recipientes para incienso.
Considéralo una suerte y averigua todo lo que puedas sobre sus costumbres:
no todo el mundo tiene amigos tan especiales.
— Si visitas un templo de cualquier religión o asistes a una ceremonia,
no hables alto ni corretees y procura adaptarte con naturalidad
a las costumbres del lugar.

Ser niño es ser espontáneo.

Eso hace que los padres pasen algunos malos tragos. Tienen que insistir para que el pequeño de la casa se cepille los dientes, o no coma con ese apetito insaciable cuando va de visita.

A veces los desayunos se convierten en algo interminable, que obligan a una maratoniana carrera para llegar a tiempo al colegio...

Es bueno ser espontáneo y vivir sin normas que opriman, pero no está de más aprender a tener medida y facilitar las cosas a los que tenemos cerca.

Este libro recoge normas de conducta y sugerencias, por lo que puede resultar pesado. Es mejor que el niño lo lea poco a poco y comentado por algún adulto que le resuelva las dudas. O en clase: siempre podrá ser un punto de partida.

Las páginas están ilustradas con dibujos alusivos a los temas que se tratan. Estas escenas muestran el comportamiento correcto o el incorrecto. El niño puede participar buscando e identificándolas.